CAHIER DE GREC

A L'USAGE

DES CLASSES DE GRAMMAIRE

PAR

J.-J. MOSTOLAT

ANCIEN PROFESSEUR AU LYCÉE DE BORDEAUX

DIXIÈME ÉDITION

BORDEAUX
L. ROBIN, LIBRAIRE-ÉDITEUR
17, RUE VITAL-CARLES, 17

1898

CAHIER DE GREC

A L'USAGE DES CLASSES DE GRAMMAIRE

Par J.-J. MOSTOLAT,
ANCIEN PROFESSEUR AU LYCÉE DE BORDEAUX

TABLEAU DES DÉCLINAISONS

1re Déclinaison.

(Fém.)

Sing.
- η, ης, η, ην.¹
- α, ας, α, αν.
- α, ης, η, αν.

(Masc.)
- ης, α, ου, η, ην.
- ας, α, ου, α, αν.

(Fém. et masc.)
Plur. — αι, ων, αις, ας.
Duel. — α, αιν.

2e Déclinaison.

(Masc. et fém.)
Sing. — ος, ε, ου, ῳ, ον.
Plur. — οι, ων, οις, ους.
Duel. — ω, οιν.

(Neutre.)
Sing. — ον, ου, ῳ, ον.
Plur. — α, ων, οις, α.
Duel. — ω, οιν.

3e Déclinaison.

(Masc. et fém.)
Sing. — *, ος, ι, α.
Plur. — ες, ων, σι, ας.
Duel. — ε, οιν.

(Neutre.)
Sing. — *, ος, ι, *.
Plur. — α, ων, σι, α.
Duel. — ε, οιν.

(Masc. et fém. contracte.)
Sing. — ης, ους, ει, η.
Plur. — εις, ων, εσι, εις.
Duel. — η, οιν.

(Neutre contracte.)
Sing. — ος, ους, ει, ος.
Plur. — η, ων, εσι, η.
Duel. — η, οιν.

---

¹ Quand il n'y a que quatre cas, c'est que le vocatif est semblable au nominatif.
* Le nominatif ayant des terminaisons très variées, a été supprimé.

NOMS ET ADJECTIFS

POUR SERVIR D'EXERCICES AUX DÉCLINAISONS AVEC SUPERLATIFS ET COMPARATIFS[1]

vallon sacré. ἄγκος (ους) ἱερός
soldat illustre. στρατιώτης ἔνδοξος
héros terrible. ἥρως (ωος) δεινός
victoire belle. νίκη καλή
orateur sage. ῥήτωρ (ορος) σώφρων
peuple libre. δῆμος ἐλεύθερος
pilote nombreux. ναύτης πολύς
prêtre austère. ἱερεύς αὐστηρός
vertu sainte. ἀρετή ἅγιος
discours long. λόγος μακρός
vallon agréable. ἄγκος (ους) ἡδύς
roi juste. βασιλεύς δίκαιος
mer grande. θάλασσα μέγας
nom illustre. ὄνομα ἔνδοξος
voix pure. φωνή καθαρός
lampe brillante. λαμπάς λαμπρός
animal nombreux. ζῶον πολύς
nuit longue. νύξ μακρός
fils chéri. υἱός φίλος
temple élégant. νεώς χαρίεις
brebis blanche. πρόβατον λευκός
martyr saint. μάρτυρ ἅγιος
fleur belle. ἄνθος (ους) καλός
lion terrible. λέων δεινός
combat long. ἀγών (ὁ) μακρός
mot vrai. ῥῆμα ἀληθής
combat long. ἅμιλλα μακρός
âme noble. ψυχή γενναῖος
trône élevé. θρόνος αἰπήεις
pin droit. πίτυς, υος (ἡ) εὐθύς

panache gracieux. λόφος χαρίεις
femme fière. γυνή (αικός) ἐριαύχην
insecte faible. ἔντομον ἀσθενής
chasse belle. ἄγρα καλός
guide sage. ἡγεμών (όνος) σώφρων
action vile. πρᾶξις φαῦλος
arme meurtrière. ὅπλον φονικός
ville ennemie. πόλις ἐχθρός
nuée noire. νεφέλη μέλας
île fertile. νῆσος (ἡ) εὔγεως
mer profonde. θάλασσα βαθύς
flamme vive. φλόξ, ογός (ἡ) ὀξύς
rocher nombreux. σκόπελος πολύς
bien estimable. χρῆμα (ατος) τιμήεις
flot noir. κῦμα (ατος) μέλας
bois sacré. ἄλσος (ους) ἱερός
chantre harmonieux. ἀοιδός λιγυρός
flûte douce. αὐλή γλυκύς
pré vert. λειμών, ῶνος (ὁ) χλωρός
chien noir. κύων (κυνός) μέλας
gazon tendre. πόα τέρην
ruisseau limpide. ῥύαξ (ακος) καθαρός
antre vaste. ἄντρον εὐρύς
danse gracieuse. ὄρχησις χαρίεις
cœur noble. θύμος εὐγενής
table polie. τράπεζα λεῖος
habit précieux. ἐσθής, ῆτος (ἡ) τιμήεις
amitié prudente. φιλία σώφρων
tunique blanche. χιτών, ῶνος (ὁ) λευκός
mont neigeux. ὄρος (ους) νιφόεις

---

[1] Voir le modèle de cet exercice, p. 29.

fleur odoriférante. ἄνθος (ους) θυόεις
être faible. ὄν (ὄντος) ἀσθενής
grâce parfaite. χάρις (ιτος) ἀκριβής
œil noir. ὀφθαλμός μέλας
parole dure. ῥῆμα (τό) σκληρός
langage clair. λόγος σαφής
peuple ennemi. δῆμος ἐχθρός
plume légère. πτέρωμα (τό) κοῦφος
animal insensé. ζῶον ἀνόητος
parure belle. κόσμος (ὁ) καλός
Dieu propice. Θεός ἵλεως
fer aigu. σίδηρος (ὁ) ὀξύς
coq fier. ἀλεκτρυών (όνος) ἀλκίφρων
gouffre profond. χάσμα (τό) βαθύς
terre fertile. χώρα εὔγεως
raison tardive. φρόνησις νωθής
citoyen noble. πολίτης εὐγενής
marteau lourd. σφῦρα βαρύς
cœur compatissant. καρδία ἐλεήμων
corps sain. σῶμα ὑγιής
trou profond. κοίλωμα βαθύς
voûte ronde. καμάρα ὀμφαλόεις
enfant sage. παῖς σοφός
femme méchante. γυνή (αικός) κακός
cause propre. αἰτία ἴδιος
éclair brillant. ἀστραπή λαμπρός
tonnerre terrible. βροντή δεινός
pointe aiguë. ἀκμή ὀξεῖα
abeille diligente. μέλισσα φίλεργος (ὁ,ἡ)
méchanceté noire. κακότης (τος) φαῦλος
langue harmonieuse. γλῶσσα λιγυρός
rose gracieuse. ῥόδον χαρίεις
soldat lâche. στρατιώτης ἁβρός
passion ennemie. πάθος (ους) ἐχθρός
nuage obscur. νεφέλη ἀμυδρός
dispute aigre. ἔρις (ιδος) δριμύς
ouvrier nombreux. τεχνίτης πολύς
peuple sensé. λεώς (ώ) γνώμων
arme belle. ὅπλον καλός
flot large. κῦμα (ατος) πλατύς
chêne noir. δρῦς, υός (ἡ) μέλας

astre brillant. ἄστρον περιλαμπής
poète malheureux. ποιητής ταλάς
vieillard sage. γέρων (οντος) σώφρων
main rude. χείρ (ός) σκληρός
miel parfumé. μέλι, ιτος (τό) θυώεις
femme noble. γυνή (αικός) εὐγενής
mur élevé. τεῖχος (ους) αἰπύς
contrée grande. χώρα μέγας
âme fière. ψυχή ἐριαύχην
parole tendre. ῥῆμα τέρην
rue large. ἀγυιά εὐρύς
rose odoriférante. ῥόδον θυώεις
vigne odoriférante. ἄμπελος θυώεις
bataillon nombreux. τάξις πολύς
cœur pur. καρδία καθαρός
gazon aimable. πόα ἐρόεις
vallon aimable. ἄγκος (ους) ἐρόεις
temple rond. νεώς ὀμφαλόεις
terre fertile. γῆ εὔγεως
femme malheureuse. γυνή ταλάς
citoyen malheureux. πολίτης ταλάς
couleur noire. χρῶμα μέλας
armée nombreuse. στρατός (ὁ) πολύς
voix belle. φωνή καλός
comédien fameux. ὑποκριτής ἔνδοξος
ombre épaisse. σκιά παχύς
vierge sainte. παρθένος ἅγιος
contrée fertile. χώρα εὔγεως
douleur amère. ὀδύνη πικρός
serpent azuré. ὄφις, εως (ὁ) γλαυκός
maladie fâcheuse. νόσος (ἡ) λυγρός
pilote sage. ναύτης σώφρων
esprit aveugle. νόος τυφλός
prodige nombreux. τέρας (ατος) πολύς
jeune homme glorieux. νεανίας εὐκλεής
affaire glorieuse. πρᾶγμα (ατος) εὐκλεής
peuple indigent. λεώς ἐνδεής
aire grande. ἅλως μέγας
mois agréable. μήν (ηνός) ἡδύς
genou pointu. γόνυ, ατος (τό) ὀξύς
vautour méchant. γύψ κακός

main lourde. χείρ βραδύς
enfant heureux. παῖς (δός) εὐδαίμων
homme brave. ἀνήρ ἀλκήεις
pudeur aimable. αἰδώς ἱμερόεις
meurtrier vil. φονεύς φαῦλος
race illustre. γένος (ους) ἔνδοξος
juge intègre. δικαστής ἀκριβής
leçon simple. δίδαγμα (τό) ἀφελής
ouvrier habile. τεχνίτης ἴδμων
pré agréable. λειμών (ῶνος) ἡδύς
mer glacée. πέλαγος (τό) κρυόεις
pied agile. πούς (ποδός) ὠκύς
paon fier. ταώς ἐριαύχην
parole douce. ῥῆμα μελιτόεις
fleur belle. ἄνθος (ους) καλός
porte sacrée. θύρα ἱερός
prince sage. ἄναξ (ακτος) σώφρων
sagesse austère. σοφία αὐστηρός
corbeau noir. κόραξ μέλας
ouvrier négligent. τεχνίτης ἀμελής
miel parfumé. μέλι, ιτος (τό) θυώεις
amitié douce. φιλία ἱμερόεις
sang abondant. αἷμα πολύς
corde utile. κάλως (ω) (ὁ) χρήσιμος
mer profonde. θάλασσα βαθύς

enchanteur rusé. γόης (ητος) δόλιος
olivier précieux. ἐλαία τιμήεις
parole claire. ῥῆμα ἐναργής
marais profond. ἕλος (ους) βαθύς
sang noir. αἷμα μέλας
Didon malheureuse. Διδώ ταλάς
devin instruit. μάντις εὐμαθής
mœurs simples. ἦθος (ους) ἀφελής
tortue lente. χέλυς (υος) βραδύς
prêtre saint. ἱερεύς ἅγιος
soif terrible. δίψα δεινός
enfant faible. παῖς ἀσθενής
corps léger. σῶμα κοῦφος
homme brave. ἀνήρ ἀλκήεις
lance longue. δόρυ δόρατος (τό) μακρός
coureur agile. δρομεύς ὠκύς
prophète trompeur. προφήτης ψευδής
leçon exacte. μάθημα ἀκριβής
femme pieuse. γυνή (αικός) εὐσεβής
ciel azuré. οὐρανός γλαυκός
siège beau. ἕδρα καλός
homme instruit. ἀνήρ εὐμαθής
roi sage. βασιλεύς σώφρων
mère tendre. μήτηρ (τρός) τέρην
mur solide. τεῖχος (ους) ἀσφαλής

QUESTIONS

SUR LES RÈGLES GÉNÉRALES DE LA DÉCLINAISON ET DE LA CONJUGAISON[1]

1. Quels sont les trois ordres de muettes ?
— 1ᵉʳ ordre, β, π, φ; 2ᵉ ordre, γ, κ, χ; 3ᵉ ordre, δ, τ, θ.
2. Quels sont les trois degrés des muettes ?
— Douces, β, γ, δ; fortes, π, κ, τ; aspirées, φ, χ, θ.
3. Que faut-il observer quand deux muettes se suivent dans le même mot ?
— Qu'elles doivent être du même degré.
4. Nommez les liquides et les doubles.
— Liquides, λ, μ, ν, ρ; doubles, ψ, ξ, ζ.
5. De quelles lettres se composent les doubles ?
— ψ se compose des muettes β, π, φ, et de ς.
ξ se compose des muettes γ, κ, χ, et de ς.
ζ se compose de δ et de ς.
6. Combien y a-t-il d'esprits ?
— L'esprit doux, comme dans ἐγώ, et l'esprit rude, comme dans ἡμεῖς.
7. Que deviennent les fortes π, κ, τ, devant un esprit rude ?
— Elles se changent en aspirées φ, χ, θ, parce que l'esprit équivaut à une aspirée.
8. Quels sont les accents grecs ?
— L'aigu, le grave, comme en français, et le circonflexe, comme dans κεφαλῆς.
9. Quels sont les noms en α de la 1ʳᵉ déclinaison qui gardent α à tous les cas du singulier ?
— Tous les noms en ρα, comme θύρα, ou en α pur, c'est-à-dire précédé d'une voyelle, comme φιλία.
10. Quel est le voc. des noms d'homme en ης de la 1ʳᵉ déclinaison ?
— Il est en η, comme Ἀλκιβιάδης, Ἀλκιβιάδη.
11. Quelles sont les règles de la déclinaison attique ?

---

[1] Les 72 premières questions sont indispensables pour faire des exercices sur les déclinaisons et sur les verbes réguliers en ω.

— ο se change en ω, υ se rejette; ι se souscrit; le vocatif est semblable au nominatif; le pluriel neutre est en ω.
12. Que faut-il remarquer dans les noms neutres ?
— Qu'ils ont, comme en latin, trois cas semblables, et le pluriel en α.
13. Comment forme-t-on le datif pluriel dans les noms de la 3ᵉ déclinaison?
— En ajoutant σι au radical.
14. Quelles lettres retranche-t-on devant σι ?
— δ, τ, θ, ν.
15. Comment se forme le dat. plur. des noms terminés par une lettre double ou par σ précédé d'une diphtongue ?
— En ajoutant ι au nominatif : φλέψ, φλεψί; βοῦς, βουσί.
16. Quelles sont les exceptions à cette règle ?
— 1° κτείς, κτενός, *peigne*, fait κτεσί; ποῦς, ποδός, *pied*, ποσί; οὖς, ὠτός, *oreille*, ὠσί.
2° Les adjectifs en εις, εσσα, εν, font εσι, comme χαρίεις, χαρίεσι.
17. Quel est le datif pluriel des mots en ων, οντος ?
— ουσι, comme λέων (οντος), λέουσι.
18. L'acc. sing. de la 3ᵉ déclinaison est-il toujours en α ?
— Il est quelquefois en ν, comme dans les noms en ις et en υς.
19. Qu'est-ce qu'une contraction ?
— C'est la réunion de deux syllabes en une.
20. Donnez les règles de contraction dans les noms.
— εο se change en ου; εϊ, εε, en ει; εα en η; εων en ων; εοιν en οιν. De plus, l'acc. plur. εα se change en ει, et au duel εε se change en η.
21. Que doit-on préférer de la contraction ou de la forme primitive ?
— La contraction.
22. Quel est le vocatif des noms en ώς et en ω (gén. οος) ?
— Il est en οι : αἰδώς, αἰδοῖ.
23. Comment se déclinent les noms en ως qui ont un ω au génitif, comme ἥρως, ωος ?
— Ils suivent la 3ᵉ déclinaison non contracte.
24. Comment forme-t-on le vocatif des noms en ις et en υς ?
— Ordinairement en retranchant le ς final.
25. Quel est le genre indiqué par la terminaison ος dans les adjectifs ?
— En général le masculin; mais souvent le masculin et le féminin chez les Attiques et dans les adjectifs composés et dérivés, comme ἀθάνατος (immortel), βασίλειος (royal).
26. Quelles sont les trois classes d'adjectifs ?
— La première renferme des adjectifs parisyllabiques; la deuxième des adjectifs imparisyllabiques; et la troisième est un mélange des deux autres.

27. A quoi distingue-t-on ordinairement le neutre et le vocatif dans les noms ou adjectifs en ων, ης, εν ?
— A la voyelle brève, comme σώφρων, ἀληθής ; neutre et vocatif σῶφρον, ἀληθές.
28. Quels sont les adjectifs en ος dont le féminin est en α ?
— Ceux qui ont un ρ ou une voyelle devant ος, comme : ἱερός, ἱερά ; ἅγιος, ἁγία.
29. Quelle est la terminaison des comparatifs et des superlatifs ?
— τερος, τατος, est la terminaison du plus grand nombre ; les autres sont en ιων, ιστος.
30. Comment forme-t-on les comparatifs et les superlatifs ?
— En changeant ος en οτερος, οτατος, ou ωτερος, ωτατος

    ων — ονεστερος, ονεστατος
    ης — εστερος, εστατος
    ας — αντερος, αντατος
    υς — υτερος, υτατος
    ην — ενεστερος, ενεστατος
    εις — εστερος, εστατος

31. Quand est-ce qu'il faut οτερος ou ωτερος, οτατος ou ωτατος ?
— On met un ο quand la pénultième est longue, et un ω quand elle est brève : σοφός, σοφώτερος ; δίκαιος, δικαιότατος.
32. Donnez le comparatif et le superlatif des adjectifs les plus ordinaires en ιων, ιστος ?
— κακός, mauvais,   κακίων, κάκιστος.
καλός, beau,   καλλίων, κάλλιστος.
ἐχθρός, ennemi,   ἐχθίων, ἔχθιστος.
ἡδύς, agréable,   ἡδίων, ἥδιστος.
πολύς, nombreux,   πλείων, πλεῖστος.
μέγας, grand,   μείζων, μέγιστος.
33. Quels sont, dans les verbes, les temps principaux et les temps secondaires ?
— Temps principaux : le présent, le futur, le parfait ; temps secondaires : l'imparfait, l'aoriste, le plus-que-parfait.
34. Qu'entend-on par radical et terminaison ?
— Le radical est la partie invariable du verbe ; il représente l'attribut. La terminaison est la partie qui varie ; elle indique l'existence avec toutes les modifications de nombre, de personne, de temps, de mode et de voix.
35. Qu'est-ce que l'augment syllabique ?
— C'est la voyelle ε mise devant le radical des verbes qui commencent par une consonne.

36. En quoi consiste l'augment temporel ?
   — A changer quelques voyelles brèves en longues.
   Ainsi l'on change

α en η	αι en η
ε — η	οι — ῳ
ο — ω	αυ — ηυ

37. Quels sont les verbes qui ne prennent pas d'augment ?
   — Ceux qui commencent par η, ω, ι, υ, ει, ευ, ου.
38. Quels sont les verbes qui, commençant par οι, ne prennent pas d'augment ?
   — Les composés de οἶος, seul ; οἶνος, vin ; οἰωνός, oiseau ; οἴαξ, gouvernail.
39. En quoi consiste le redoublement ?
   — A redoubler la première consonne du verbe devant l'augment : λύω, λέλυκα.
40. Quels sont les verbes qui n'ont pas de redoublement ?
   — Ceux qui commencent par une voyelle, une lettre double ou deux consonnes, à moins que la seconde consonne ne soit liquide.
41. Comment se fait le redoublement dans les verbes qui commencent par une aspirée ?
   — En redoublant la forte correspondante, parce qu'on ne peut pas mettre deux syllabes de suite commençant par une aspirée ; ainsi φιλέω fait πεφίληκα.
42. Quelles sont les fortes qui correspondent aux aspirées ?
   — π correspond à φ, κ à χ, τ à θ.
43. Comment se fait le redoublement dans les verbes qui commencent par un ρ ?
   — On redouble le ρ après l'augment : ῥινέω, ἐῤῥίνηκα.
44. Qu'est-ce qui caractérise la terminaison du futur et de l'aoriste, du parfait et du plus-que-parfait, du présent et de l'imparfait ?
   — σ caractérise le futur et l'aoriste ; κ le parfait et le plus-que-parfait ; le présent et l'imparfait se distinguent par l'absence de consonne caractéristique.
45. Qu'est-ce qui distingue le subjonctif ?
   — La voyelle toujours longue de sa terminaison.
46. Conjuguez λύσαιμι à la manière éolienne.
   — (λύσεια), ας, ε, (αμεν, ατε), αν.
47. Quels sont les temps dont la 3ᵉ pers. du duel est en την ?
   — Les temps secondaires et tous les temps de l'optatif.
48. De quels temps se forment l'imparfait, l'aoriste et le plus-que-parfait ?
   — L'imparfait se forme du présent ; l'aoriste, du futur ; le plus-que-parfait, du parfait.

49. Où emprunte-t-on les temps qui manquent au moyen ?
— Au passif.
50. Donnez le prés. opt. attique de φιλέω, τιμάω, δηλόω.
— φιλοίην, ης, η, ημεν, ητε, εν — δηλοίην, ης, η, ημεν, ητε, εν — τιμῴην, ης, η, ημεν, ητε, εν.
51. Quels sont les verbes contractes ?
— Ceux qui ont une voyelle brève avant ω, c'est-à-dire qui se terminent en εω, αω, οω.
52. Quelle est la quantité de la pénultième au futur de ces verbes ?
— Elle est longue. Pour cela εω, αω se changent en ησω ; οω en ωσω, et cette voyelle longue passe à l'aoriste, au parfait et au plus-que-parfait.
53. Quels sont les verbes en αω qui gardent α à la pénultième du futur ?
— Ceux qui se terminent en εαω, ιαω, ραω, λαω.
54. Donnez la terminaison des temps primitifs (actif et passif) des verbes en ω.
— Les verbes en   font à l'actif   au passif
                ω pur — σω, σα,   κα — θησομαι, θην, μαι.
         δω, τω, θω, ζω — σω, σα,   κα — σθησομαι, σθην, σμαι.
         βω, πω, φω, πνω — ψω, ψα,   φα — φθησομαι, φθην, μμαι.
    γω, κω χω, σκω, σσω, ττω — ξω, ξα, χα — χθησομαι, χθην, γμαι.
                λω — λω, λα,   λκα — λθησομαι, λθην, λμαι.
         μω, μνω — μω, μα, μηκα — μηθησομαι, μηθην, μημαι.
                νω — νω, να,   γκα — νθησομαι, νθην, σμαι.
                ρω — ρω, ρα,   ρκα — ρθησομαι, ρθην, ρμαι.
55. Comment se forme le futur des verbes en λω, μω, νω, ρω ?
— En changeant ω en εω et en contractant.
56. Quelle est la quantité de la pénultième du futur de ces verbes ?
— Elle doit être brève. Pour l'abréger, s'il y a deux consonnes on retranche la dernière : στέλλω, στελῶ. S'il y a αι ou ει, on retranche ι : φαίνω, φανῶ ; σπείρω, σπερῶ.
57. Quelle est la quantité de la pénultième de l'aoriste ?
— Elle est longue. On l'allonge en changeant α du futur en η et ε en ει : φαίνω, φανῶ, ἔφηνα ; στέλλω, στελῶ, ἔστειλα.
58. De quel temps se forme le parfait dans les verbes en λω, μω, νω, ρω ?
— Du futur en changeant ω en κα : αἰρῶ, ἀρῶ, ἦρκα.
59. Que remarque-t-on sur le parfait des verbes dissyllabes en λω, ρω, ινω, υνω, εινω ?
— Les dissyllabes en λω et ρω changent ε du futur en α : στέλλω, στελῶ, ἔσταλκα ; ceux en ινω, υνω retranchent ν : κρίνω, κέκρικα ; πλύνω, πέπλυκα ; ceux en εινω font ακα : τείνω, τέτακα.

60. De quel temps se forment le futur, l'aoriste, le parfait et le plus-que-parfait passif des verbes en λω, μω, νω, ρω ?
— Du parfait actif.

61. Quelles modifications éprouve ν de σύν ou de ἐν devant certaines consonnes ?
— On le change devant β, π, φ en μ
—   γ, κ, χ — γ
—   λ — λ
—   ρ — ρ
—   μ — μ
Devant σ suivi d'une voyelle — σ
Le ν de σύν se retranche devant σ suivi d'une consonne et devant ζ.

62. Que devient la voyelle finale d'une préposition, quand le verbe commence par une voyelle ?
— Elle se retranche.

63. Quelles sont les prépositions qui gardent leur voyelle finale devant une voyelle ?
— περί, πρό ; ἀμφί perd quelquefois l'ι et quelquefois le conserve.

64. Que devient ἐκ devant une voyelle ?
— Il se change en ἐξ.

65. Quand est-ce que la forte se change en aspirée ?
— Devant un esprit rude : ἐπί-δράω, ἐφοράω.

66. Où se placent l'augment et le redoublement dans les verbes composés d'une préposition ?
— Après la préposition : συντρίβω, συνέτριβον, συντέτριφα.

67. Dans les composés de δυς et εὖ, où se place l'augment ?
— Après ces particules, si le verbe commence par une voyelle susceptible d'augment ; sinon, on le met avant. Toutefois, les verbes composés de εὖ peuvent rester invariables d'après la règle générale.

68. Quel est le sens de δυς et de εὖ ?
— δυς marque difficulté, malheur ; εὖ, facilité, bonheur.

69. N'y a-t-il que les verbes en δω, τω, θω, ζω, qui prennent σ avant la terminaison du futur, aoriste, parfait et plus-que-parfait passif ?
— Il y a encore tous ceux qui ont avant la terminaison une voyelle brève ou une diphtongue.

70. Quels sont les parfaits et plus-que-parfaits passifs qui ont une forme composée à la 3ᵉ personne du pluriel ?
— Ceux qui ont une consonne avant μαι, comme λέλεγμαι, τέτυμμαι.

71. Conjuguez les parf. et pl.-que-parf. pass. des verbes ἀγύτω, κρύπτω, βρέχω.

72. Pourquoi emploie-t-on cette forme composée ?
— Pour éviter trois consonnes de suite ; car, comme on dit λέλυνται, il faudrait dire λέλεγνται.

QUESTIONS SUR CERTAINES PARTICULARITÉS

DES DÉCLINAISONS ET DES CONJUGAISONS.

73. De quoi se compose οὗτος ?
— De l'article et de αὐτός.
74. Que remarque-t-on au nominatif singulier neutre des adjectifs ἄλλος, ἐκεῖνος, αὐτός, οὗτος ?
— Qu'ils n'ont pas de ν final : ἄλλο, ἐκεῖνο, αὐτό, τοῦτο.
75. Quelle différence y a-t-il entre ὅ τι et ὅτι ?
— L'un répond à *illud quod ;* l'autre à la conjonction *quod*.
76. A quoi distingue-t-on ὁ, ἡ, article, ὅ, ἥ, *qui* relatif ?
— L'article n'a que l'esprit rude, et le *qui* relatif a l'esprit rude et l'accent.
77. Quelle différence de sens y a-t-il entre αὑτοῦ et αὐτοῦ ?
— αὑτοῦ signifie *de soi-même*, αὐτοῦ, *de lui-même*.
78. Déclinez avec les contractions les adjectifs χρύσεος, ἀργύρεος, ἁπλόος.
79. Déclinez les noms irréguliers Ἰησοῦς, Ζεύς, γυνή, ἀστήρ, ἄρς, κύων, χείρ, βοῦς, γραῦς, ναῦς.
80. Quels sont les principaux comparatifs et superlatifs irréguliers après les cinq déjà connus ?
— κακός (mauvais), κακίων, κάκιστος *ou* χείρων, ιστος.
ἀγαθός (bon), ἀμείνων, ἄριστος ; βελτίων, ιστος ; κρείσσων, κράτιστος.
μικρός (petit), est régulier, mais il fait aussi au comparatif μείων ou ἥσσων, et au superlatif ἥκιστος.
ῥᾴδιος (facile), ῥᾴων, ῥᾷστος, *ou* ῥηΐων, ῥήϊστος.
ἐλαχύς (petit), ἐλάσσων, ἐλάχιστος.
ὀλίγος (peu nombreux), ὀλίζων, ὀλίγιστος.
ταχύς (prompt), θάσσων, τάχιστος.
μέσος (mitoyen), μεσαίτερος, τατος.
σπουδαῖος (soigneux), σπουδαιέστερος, τατος.
λάλος (bavard), λαλίστερος, τατος.
ἅρπαξ (ravisseur), ἁρπαγίστερος, τατος, ainsi que tous ceux en ξ.
ἐρρωμένος (fort), ἐρρωμενέστερος, τατος.
81. Quels sont les verbes en αω qui, contre la règle, font le futur en ησω ?

— χράω, *prêter ;* συλάω, *dépouiller ;* εὐδιάω, *être calme ;* τλάω, *supporter,* fait τλήσομαι.

82. Quels sont les verbes en οω, εω, qui gardent la voyelle brève au futur ?
— ἀρόω, *labourer,* ἀρόσω ; ὀμόω, *jurer,* ὀμόσω ; ὄνομαι, *blâmer,* ὀνόσομαι. Quant aux verbes en εω, il y en a beaucoup qui font εσω, comme τελέω, εσω.

83. Quels sont les verbes qui prennent l'augment avant la préposition ?
— Ceux qui n'ont pas de simple ou dont la préposition ne change pas le sens.

84. Que faut-il remarquer pour conjuguer un verbe en μι ?
— Qu'il y a un primitif en ω d'où se forment le futur, l'aoriste, le parfait et le plus-que-parfait.

85. Quels sont les primitifs de δίδωμι, τίθημι, ἵημι, ἵστημι, φημί ?
— δόω, θέω, ἕω, στάω, φάω.

86. A quoi distingue-t-on si un verbe est au passif ou au moyen dans les temps où les formes se confondent ?
— On ne peut les distinguer qu'au sens de la phrase.

87. Quels sont les trois aoristes en κα au lieu de σα ?
— ἧκα de ἵημι ; ἔθηκα de τίθημι ; ἔδωκα de δίδωμι.

88. Les verbes dissyllabes se contractent-ils partout ?
— On ne contracte pas les syllabes εη, εο, εω, εοι, εου.

89. Quelle est la contraction des verbes ζάω, πεινάω, διψάω, χράομαι ?
— Ces verbes contractent αε en η et non en α.

90. Quels sont les verbes en εω qui font ευσω ou ευσομαι au futur ?
— χέω fait χεύσω ; ῥέω, πνέω, θέω, νέω, πλέω font ῥεύσομαι, πνεύσομαι, θεύσομαι, νεύσομαι, πλεύσομαι.

91. Que remarque-t-on au futur des verbes ἔχω, τύφω, τρέχω, τρέφω ?
— Qu'ils prennent l'aspirée à la 1re syll. : ἕξω, θύψω, θρέξομαι, θρέψω.

92. En quoi consiste le redoublement attique ?
— A redoubler les deux premières lettres du verbe après l'augment à l'aoriste, avant l'augment au parfait : ἄγω, ἤγαγον ; ὀρύσσω, ὀρώρυχα.

93. Comment traduit-on le conditionnel français ?
— Le conditionnel présent se traduit par le présent de l'optatif avec ἄν si la chose est regardée comme possible, et par l'imparfait avec ἄν, si on la croit impossible : *s'il avait quelque chose, il le donnerait,* εἴ τι εἶχεν, ἐδίδου ἄν (on sous-entend, *mais il n'a rien.*)

Le conditionnel passé se rend par l'aoriste optatif ou indicatif, suivant que la chose est possible ou non : *s'il avait eu quelque chose, il l'aurait donné,* εἴ τι ἔσχεν ἔδωκεν ἄν.

94. Quels sont les modes où l'aoriste peut se traduire par le présent ?
— L'impératif et l'infinitif.

95. Qu'est-ce que l'α privatif ?
— C'est un α qui, mis devant le radical d'un mot, lui donne une signification contraire : βαπτός, *trempé ;* ἄβαπτος, *non trempé.*
96. L'α est-il toujours privatif ?
— Il est quelquefois augmentatif, comme dans ἅπας ; mais alors il est la syncope de ἅμα, *ensemble.*
97. Où place-t-on le ν euphonique ?
— Après le datif pluriel en σι, les troisièmes personnes du pluriel en σι, les troisièmes du singulier en ε, quand le mot suivant commence par une voyelle : ἀνδράσιν ἀγαθοῖς ; ἔτυψεν αὐτόν.
98. D'où forme-t-on l'adjectif verbal en τεος ?
— De l'aoriste 1 part. passif, en changeant θεις en τεος.
99. A quoi répond-il en latin ?
— Au participe en *dus.*
100. N'y a-t-il pas d'autres adjectifs verbaux.
— Il y en a qui se terminent en τος ; ils répondent, en général, aux adjectifs latins en *bilis* : θαυμαστός, *admirabilis.*
101. Y a-t-il des verbes qui prennent un redoublement, quoiqu'ils commencent par deux consonnes.
— Il y en a quelques-uns, comme : πέπτωκα de l'inusité πτόω ; κέκτημαι de κτάομαι ; πέπνευκα de πνέω.
102. Citez quelques verbes qui prennent ει pour augment au lieu de η.
— ἔχω, εἶχον ; ἐάω, εἴων ; ἕπομαι εἱπόμην ; cette syllabe ει est la contraction de εε.
103. Trouve-t-on quelquefois deux syllabes de suite commençant par une aspirée ?
— Cela a lieu pour quelques aoristes passifs : ἐχύθην de χέω ; dans quelques impératifs : φάθι de φημί, et dans quelques composés ou dérivés.
104. Quels sont les trois verbes qui font ει au lieu de η à la 2ᵉ pers. du sing. ?
— βούλομαι, βούλει ; οἴομαι, οἴει ; ὄπτομαι, ὄψει.
105. Que remarque-t-on sur les verbes ὁράω, ἑορτάζω ?
— ὁράω prend les deux augments : ἑώρων ; ἑορτάζω prend l'augment sur la seconde voyelle : ἑώρταζον.
106. Quel est le parfait passif de τρέφω, τρέπω, στρέφω ?
— τέθραμμαι, τέτραμμαι, ἔστραμμαι.
107. Quel est le parfait passif de τεύχω, φεύγω, πνέω, χέω ?
— τέτυγμαι, πέφυγμαι, πέπνυμαι, κέχυμαι.
108. Quel est le sens de ἄν quand il est le premier mot de la proposition ?
— Il a le sens de *si.*

VERBES EN ω DE TOUTES LES CLASSES

POUR SERVIR D'EXERCICE A LA FORMATION DES TEMPS[1]

1re Série.

honorer,	τίω.	faire,	τέλλω.
détruire,	ἁλιόω.	juger,	κρίνω.
trainer,	ἐρύω.	tuer,	κτείνω.
rôtir,	ὀπτάω.	distribuer,	νέμω.
brûler,	αἰθαλόω.	appliquer,	πρός-ἐρείδω [3].
habiter,	οἰκέω.	rassembler,	ἀγείρω.
jouer de la flûte,	αὐλέω.	effaroucher,	ἀγριαίνω.
conduire,	ἡνιοχέω.	changer,	μετά-ἀλλάσσω.
repousser,	ὠθέω.	enduire,	περί-πλάσσω.
vivre seul,	οἰοπολέω*[2].	changer d'av.,	πρό-ἀμείβω.
planchéier,	ἰκριόω.	borner,	μετά-ὁρίζω.
arroser,	ὑδρεύω.	rajuster,	μετά-ῥυθμίζω.
rouler,	εἰλέω.	brûler ense,	σύν-φλέγω.
célébrer,	εὐφημέω.	aposter,	ἐν-λοχίζω.
cicatriser,	οὐλόω.	ordonner,	ἐν-κελεύω.
garder,	φρουρέω.	mesurer ense,	σύν-μετρέω.
avaler,	ῥοφέω.	combler,	σύν-σάττω.
tordre,	σχολιόω.	jeter ensemble,	σύν-ῥίπτω.
agrafer,	κρικόω.	amonceler,	ἐκ-κορυφόω.
rougir (ac.),	ἐρυθριάω.	demander difft,	δυσαιτέω.
creuser,	γλάφω.	être malade,	δυσθενέω*.
traire,	ἀμέλγω.	ranger,	εὐθετίζω.

---

[1] Voir le modèle de cet exercice, placé à la fin, p. 29.
[2] Les verbes marqués du signe * manquent de passif.
[3] Pour les verbes composés, l'élève devra, même au présent, unir les deux mots en faisant subir à la préposition les modifications nécessaires.

remplir,	πλήθω.	régaler,	εὐωχέω.
traîner,	σύρω.	chercher avec,	σύν-ζητέω.
hacher,	μιστύλλω.	envoyer ensᵉ,	σύν-στέλλω.

2ᵉ Série.

écraser,	ἀλοάω.	bâtir,	οἰκοδομέω.
entreprendre,	ἐργολαβέω.	ordonner,	κελεύω.
durcir,	ὀστρακόω.	augmenter,	αὐξέω.
louer,	αἰνέω.	conduire,	ἡγεμονεύω.
étourdir,	ὠτοκοπέω.	étendre,	τείνω.
être ivre,	οἰνοβαρέω*.	arranger,	πρόσ-τάσσω.
raconter,	ἱστορέω.	défendre,	ἀμύνω.
vitrifier,	ὑαλόω.	élever,	ἐπί-αἴρω.
figurer,	εἰδωλοποιέω.	répandre,	περί-σπείρω.
féliciter,	εὐδαιμονίζω.	prédire,	πρό-ἀγορεύω.
blesser,	οὐτάω.	rajuster,	μετά-ἁρμόζω.
palissader,	χαρακόω.	lancer,	ἐπί-ῥίπτω.
limer,	ῥινέω.	plonger,	ἐν-βάπτω.
consterner,	πτοέω.	inscrire,	σύν-γράφω.
attacher,	κλοιόω.	pétrir,	ἐν-μάσσω.
chasser,	θηράω.	réunir,	ἐν-λογίζω.
couvrir,	ἐρέφω.	peindre ensᵉ,	σύν-ζωγραφέω.
plier,	πτύσσω.	ombrager,	σύν-σκιάζω.
tromper,	ψεύδω.	sauver ensᵉ,	σύν-σώζω.
effrayer,	πτύρω.	coudre ensᵉ,	σύν-ῥάπτω.
gratter,	σκάλλω.	graver,	ἐκ-γλύφω.
plaindre,	οἰκτείρω.	être fâché,	δυσαρεστέω*.
construire,	τεκταίνω.	être mal couché,	δυσκοιτέω*.
percer,	πείρω.	faire du bien,	εὐεργετέω.
laver,	πλύνω.	faire du bien,	εὐποιέω.

3ᵉ Série.

rouler,	ἑλύω.	immoler,	θύω.
courber,	κυλλόω.	enraciner,	ῥιζόω.
méconnaître,	ἀγνοέω.	cintrer,	ψαλιδόω.
sillonner,	ὀγμεύω.	nourrir,	τροφεύω.
asperger,	αἰονάω.	aboyer,	ὑλάω*.
administrer,	οἰκέω.	ensevelir,	θάπτω.

dominer,	αὐθεντέω*.	aiguiser,	θήγω.
adoucir,	ἡμερόω.	persuader,	πείθω.
tenir le gouvernail,	οἰακίζω.	annoncer,	ἀγγέλλω.
devoir,	ὠφελέω.	envoyer,	στέλλω.
fortifier,	ἰσχυρόω.	élever,	αἴρω.
guérir,	ὑγιόω.	montrer,	φαίνω.
frapper au hasard,	εἰκαιοβολέω.	raser,	κείρω.
déprécier,	εὐωνίζω.	incliner,	κλίνω.
anéantir,	οὐδενόω.	alléger,	ἐλαφρύνω.
écorcher,	σκύλλω.	imputer,	ἐν-λογέω.
répandre,	διά-σπείρω.	joindre,	σύν-ζεύγω.
réunir,	διά-ἀγοράζω.	préparer,	σύν-σκευάζω.
traduire,	μετά-ἑρμηνεύω.	remuer ensemble,	σύν-σοβέω.
enraciner,	κατά-ῥιζόω.	briser,	σύν-ῥήσσω.
montrer ens^e,	σύν-φαίνω.	enseigner,	ἐκ-διδάσκω.
graver,	ἐν-γλύφω.	être confiant,	δυσαπιστέω*.
exercer ensemble,	σύν-μελετάω.	mal digérer,	δυσπεπτέω.
balayer autour,	περί-σαίρω.	bien diriger,	εὐοχέω.
acheter d'avance,	πρό-ἀγοράζω.	porter facilement,	εὐφορέω.

4e Série.

éveiller,	ἀγρυπνέω.	renverser,	σφάλλω.
interpréter,	ἑρμηνεύω.	asperger,	παλύνω.
grossir,	ὀγκόω.	tisser,	ὑφαίνω.
élever,	αἰωρέω.	corrompre,	φθείρω.
empêcher,	κωλύω.	juger,	κρίνω.
aiguillonner,	οἰστρέω.	tuer,	κτείνω.
enivrer,	οἰνόω.	montrer,	ἐπί-φαίνω.
différer,	αὐρίζω.	appuyer,	ἀμφί-ἐρείδω.
être calme,	ἠρεμέω*.	rassembler,	ἀγείρω.
devoir,	ὠφελέω.	réunir d'avance,	πρό-ἁλίζω.
courber,	ἰδνόω.	enlever,	ἀπό-ἁρπάζω.
tarder,	ὑστερέω*.	coudre sous,	ὑπό-ῥάπτω.
travailler,	εἴργω.	agir dans,	ἐν-πράσσω.
procurer,	εὐπορέω.	cacher,	σύν-καλύπτω.
créer,	οὐσιόω.	mesurer,	ἐν-μετρέω.
effrayer,	φοβέω.	adorer ensemble,	σύν-λατρεύω.
déchirer,	ῥακόω.	examiner,	σύν-ζυγωθρίζω.
animer,	πτερόω.	répandre avec,	σύν-σπείρω.

couvrir de mousse,	βρυόω.	pousser,	σύν-σεύω.
lâcher,	χαλάω.	courber ensemble,	σύν-ῥαιβόω.
lancer,	ἰάπτω.	immoler,	ἐκ-θύω.
fortifier,	φράσσω.	souffrir avec peine,	δυςαχθέω.
rassembler,	ἀθροίζω.	marchander,	δυσωνέω.
couronner,	στέφω.	bien diriger,	εὐοδόω.
adoucir,	ἡδύνω.	louer,	εὐφημέω.

5ᵉ Série.

brûler,	ὀπτάω.	sécher,	ξηραίνω.
ensanglanter,	αἱματόω.	envoyer,	στέλλω.
rendre fou,	μωρόω.	juger,	κρίνω.
ébourgeonner,	οἰναρίζω.	étendre,	τείνω.
voir de ses yeux,	αὐτοπτέω.	élargir,	εὐρύνω.
calmer,	ἠρεμόω.	briser,	σύν-ῥήσσω.
colporter,	ὠμοφορέω.	dérouler,	ἀπό-εἰλέω.
guérir,	ἰατρεύω.	pousser autour,	περί-ὠθέω.
puiser de l'eau,	ὑδρόω.	aimer ensemble,	σύν-φιλέω.
purifier,	εἰλικρινέω.	irriter d'avance,	πρό-ἐρεθίζω.
bien juger,	εὐθυδικέω.	purifier,	ἀπό-ἁγιστεύω.
blesser,	οὐτάω.	arroser autour,	περί-ραίνω.
railler,	χλευάζω.	entreprendre,	ἐν-χειρίζω.
courber,	ῥαιβόω.	exercer ensemble,	σύν-μελετάω.
demander,	ζητέω.	polir en dedans,	ἐν-λειόω.
égarer,	πλανάω.	ceindre,	σύν-(ζόω).
parfumer,	θυμιάω.	couronner ensᵉ,	σύν-στεφανόω.
frapper,	τύπτω.	jeter à la fois,	σύν-ρίπτω.
étrangler,	ἄγχω.	diviniser,	ἐκ-θειάζω.
achever,	ἀνύτω.	demander diffᵗ,	δυσαιτέω.
protéger,	ἀμύνω.	mal penser,	δυσνοέω.
lancer,	ἰάλλω.	bien ajuster,	εὐαρμόζω.
humecter,	διαίνω.	mouvoir facilement	εὐκινέω.
agiter,	σύν-σοβέω.	moissonner,	ἀμάω.
plaindre,	οἰκτείρω.	chercher,	ἐρευνάω.

6ᵉ Série.

voiturer,	ἁμαξεύω.	piquer,	οἰστρηλατέω.
arrêter,	ἐρητύω.	prendre les augures	οἰωνοσκοπέω*.

demander,	αἰτέω.	faire soi-même,	αὐτουργέω*.
gouverner,	βασιλεύω.	calmer,	ἠρεμίζω.
pousser,	ὠθίζω.	tendre autour,	ἀμφί-τείνω.
affermir,	ἱδρύω.	puiser,	ἀπό ἀρύτω.
insulter,	ὑβρίζω.	envoyer,	στέλλω.
rouler,	εἰλύω.	élever,	αἴρω.
accueillir,	εὐμενέω.	envelopper,	περί-ἐρέφω.
diviniser,	οὐρανόω.	examiner d'avance,	πρό-ἰχνεύω.
prédire,	θεοπροπέω.	établir,	κατά-ἱδρύω.
coudre,	ῥαψῳδέω.	jeter en avant,	πρό-ῥίπτω.
combattre,	ἀγωνιάω*.	enchaîner,	ἐν-πεδάω.
réduire en cendres,	σποδέω.	bâtir avec,	σύν-κτίζω.
déraciner,	πρεμνίζω.	tramer,	ἐν-μιτόω.
essayer,	πειράω.	laver ensemble,	σύν-λούω.
peler,	λέπω.	atteler,	σύν-ζυγόω.
presser,	ἐπείγω.	envoyer ensemble,	σύν-στέλλω.
rassembler,	ἀγοράζω.	traîner avec,	σύν-σύρω.
souiller,	μολύνω.	choquer,	σύν-ῥάσσω.
cajoler,	κωτίλλω.	vider,	ἐκ-κενόω.
creuser,	κοιλαίνω.	être en désaccord,	δυσαρμόζω*.
briser,	θλάω*.	mesurer diffic^t,	δυσμετρέω*.
répandre,	σπείρω.	sentir bon,	εὐοσμέω*.
incliner,	κλίνω.	respirer à l'aise,	εὐπνοέω*.

7e Série.

apprêter,	ἀρτύω.	pacifier,	εἰρηνεύω.
interpréter,	ἑρμηνεύω.	engraisser,	εὐθηλέω.
priver,	ὀρφανόω.	garder,	οὐρέω.
rendre propice,	αἰσιόω.	souffler,	φυσάω.
honorer,	τίω.	coudre,	ῥαφιδεύω.
administrer,	οἰκονομέω.	crucifier,	σταυρόω.
laisser seul,	οἰόω.	achever,	θριγκόω.
gouverner seul,	αὐτοδικέω.	multiplier,	βριάω.
rendre fou,	ἠλιθιόω.	enseigner,	διδάσκω.
pousser,	ὠθίζω.	fermer,	κλείζω.
consacrer,	ἱερόω.	enhardir,	θρασύνω.
porter de l'eau,	ὑδροφορέω*.	secouer,	πάλλω.
coudre,	ῥάπτω.	graver,	ἐν-χαράσσω.
réjouir,	εὐφραίνω.	carder,	ξαίνω.

percer,	πείρω.	aposter,	ἐν-λοχίζω.
tuer,	χτείνω.	obscurcir,	σύν-ζοφόω.
distribuer,	νέμω.	obscurcir,	σύν-σκοτάζω.
envoyer,	μετά-στέλλω.	entasser,	σύν-σωρεύω.
rassembler,	ἐπί-ἀγείρω.	salir,	σύν-ῥυπόω.
éveiller autour,	περί-ἐγείρω.	polir,	ἐκ-λεαίνω.
humecter d'avance,	πρό-ὑφαίνω.	désespérer,	δυσελπιστέω*.
envelopper,	κατά-ἑλίσσω.	être mal vêtu,	δυσειμονέω*.
avaler d'avance,	πρό-ῥοφέω.	fleurir,	εὐανθέω*.
juger,	κρίνω.	persuader facil^t,	εὐπείθεω.
durcir,	σύν-μυλόω.		

8ᵉ Série.

être injuste,	ἀδικέω.	révérer,	θρησκεύω.
centupler,	ἑκατοστεύω.	passer,	περάω.
regarder,	ὀπτεύω.	déboucher,	στομόω.
blesser,	αἰκίζω.	poursuivre,	διώκω.
indiquer,	μηνύω.	resserrer,	στύφω.
bâtir,	οἰκοδομέω.	puiser,	ἀρύτω.
faire du vin,	οἰνοποιέω.	exciter,	ὀτρύνω.
augmenter,	αὐξέω.	agiter,	πάλλω.
clouer,	ἡλόω.	indiquer,	σημαίνω.
embellir,	ὡραιόω.	agiter,	σαίνω.
consacrer,	ἱερεύω.	ordonner,	τέλλω.
chanter,	ὑμνέω.	laver,	πλύνω.
pacifier,	εἰρηνοποιέω.	étendre,	τείνω.
féliciter,	εὐδαιμονίζω.	cacher,	ἐπί-κρύπτω.
mépriser,	οὐδενίζω.	cohabiter,	σύν-οἰκέω.
rider,	ῥυσόω.	creuser autour,	περί-δρύσσω.
dorer,	χρυσόω.	demander d'av^e,	πρό-αἰτέω.
morceler,	κερματίζω.	tamiser,	κατά-ὑλίζω.
réprimander,	ἀπό-ῥαπίζω.	flatter ensemble,	σύν-σαίνω.
souffler dans,	ἐν-φυσάω*.	avaler ensemble,	σύν-ῥοφέω.
entourer,	σύν-κυκλόω.	retrancher,	ἐκ-κόπτω.
mesurer dans,	ἐν-μετρέω.	mouvoir diff^t,	δυσαίσσω.
délier avec,	σύν-λύω.	marchander,	δυσωνέω.
punir ensemble,	σύν-ζημιόω.	réussir,	εὐοδόω*.
creuser avec,	σύν-σκάπτω.	déprécier,	εὐωνίζω.

9ᵉ Série.

combattre,	ἀθλέω.	balayer,	σαίρω.
réduire à un,	ἑνόω.	noircir,	μελαίνω.
ourdir,	ὀρδέω.	percer,	πείρω.
faire prisonnier,	αἰχμαλωτεύω.	incliner,	κλίνω.
tramer,	μιτόω.	étendre,	τείνω.
approprier,	οἰκειόω.	presser,	ἐπί-ἐπείγω.
parler,	αὐδάω.	traîner,	ὑπό-ἐρύω.
adoucir,	ἠπιόω.	agiter,	πάλλω.
soigner,	ὠρεύω.	ramer autour,	περί-ἐρέσσω.
chasser à la glu,	ἰξοβολέω.	prédire,	πρό-ἀγγέλλω.
guérir,	ὑγιοποιέω.	étendre sous,	ὑπό-ἁπλόω.
interroger,	ἐρωτάω.	limer,	ἐπί-ῥινέω.
encourager,	εὐθυμέω.	instruire ensemble,	σύν-παιδεύω.
soigner,	θεραπεύω.	souiller ensemble,	σύν-μιαίνω.
disperser,	ῥυμβονάω.	aborder,	ἐν-λιμενίζω.
rafraîchir,	ψυχάω.	rivaliser,	σύν-ζηλόω*.
frapper,	κρούω.	tordre,	σύν-στρέφω.
pétrir,	φυράω.	vivre ensemble,	σύν-σιτέω*.
couper,	κόπτω.	enraciner,	σύν-ῥιζόω.
ensanglanter,	αἱμάσσω.	nettoyer,	ἐκ-μάσσω.
filer,	κλώθω.	parler difficilemᵗ,	δυσομιλέω.
redresser,	εὐθύνω.	plaire,	εὐαρεστέω*.
plumer,	τίλλω.	parfumer,	εὐωδιάζω*.
purifier,	καθαίρω.	ne pas réussir,	δυσπραγέω*.

10ᵉ Série.

effaroucher,	ἀγριόω.	tendre,	τείνω.
avilir,	ἐλασσόω.	balayer,	σαίρω.
vendre,	ὀδάω.	envoyer,	στέλλω.
mal parler,	αἰσχρομυθέω.	incliner,	κλίνω.
engendrer,	γεννάω.	échauffer,	ἰαίνω.
habiter,	οἰκέω.	jaunir,	ὠχραίνω.
sentir le vin,	οἰνίζω*.	remplir,	ὑπό-πλήθω.
jouer de la flûte,	αὐλέω.	émigrer,	μετά-οἰκέω.
vaincre,	ἡττάω.	divulguer,	περί-βοάω.
rudoyer,	ὠθίζω.	devancer,	πρό-αίρω.

chercher,	ἰχνεύω.	endormir,	ὑπό-ὑπνόω.
élever,	ὑψόω.	déchirer,	περί-ῥακόω.
être esclave,	εἱλωτεύω*.	creuser,	ἐν-βαθύνω.
combattre ouvert[t],	εὐθυμαχέω.	porter ensemble,	σύν-κομίζω.
seconder,	οὐρίζω.	parfumer,	ἐν-μυρίζω.
farder,	φυκόω.	laper,	σύν-λάπτω.
salir,	ῥυπτόω.	prendre vif,	σύν-ζωγρέω.
séduire,	ψυχαγωγέω.	creuser avec,	σύν-σκάπτω.
frapper,	κροτέω.	combler,	σύν-σάττω.
souffler,	φυσιάω.	arracher ensemble,	σύν-ῥυσιάζω.
oindre,	ἀλείφω.	incliner,	ἐκ-κλίνω.
changer,	ἀλλάττω.	mal assortir,	δυσαρμόζω.
appuyer,	ἐρείδω.	être malveillant,	δυσνοέω*.
attendrir,	ἁπαλύνω.	bien accueillir,	εὐαντέω*.
importuner,	σκύλλω.	régaler,	εὐωχέω*.

TABLEAU DES VERBES IRRÉGULIERS.

	PRÉSENT.	FUTUR.	AORISTE.	PARFAIT.
briser,	ἄγνυμι (ἄγω),	ἄξω,	ἔαξα, ἐάγην (sens pass.),	ἔαγα (sens pass.).
conduire,	ἄγω,	ἄξω,	ἤγαγον,	ἦχα, mieux ἀγήοχα.
prendre,	αἱρέω (ἕλω),	αἱρήσω,	εἷλον,	ᾕρηκα.
sentir, comprendre,	αἰσθάνομαι (αἴσθομαι, αἰσθέο-	αἰσθήσομαι,	ᾐσθόμην,	ᾔσθημαι.
entendre,	ἀκούω, [μαι],	ἀκούσομαι,	ἤκουσα,	ἀκήκοα.
être pris,	ἁλίσκομαι (ἁλόω, ἅλωμι),	ἁλώσομαι,	ἑάλον (sens pass.),	ἑάλωκα.
dépenser, détruire,	ἀναλίσκω, *Id.*	ἀναλώσω,	ἀνήλωσα,	ἀνήλωκα.
se tromper,	ἁμαρτάνω (ἁμαρτέω, τω),	ἁμαρτήσομαι,	ἥμαρτον,	ἡμάρτηκα.
revêtir,	ἀμφιέννυμι (ἀμφιέω),	ἀμφιέσω,	ἠμφίεσα.	
plaire,	ἁνδάνω (ἁδέω, ἅδω),	ἀδήσω,	ἔαδον,	ἔαδα.
		10		
ouvrir,	ἀνοίγω,	ἀνοίξω,	ἀνέῳξα, ἤνοιξα,	ἀνέῳγα, ἀνέωγα.
être haï,	ἀπεχθάνομαι (-θέομαι,-θομαι),	ἀπεχθήσομαι,	ἀπηχθόμην,	ἀπήχθημαι.
plaire,	ἀρέσκω (ἀρέω),	ἀρέσω,	ἤρεσα.	
augmenter,	αὐξάνω αὔξω (αὐξέω),	αὐξήσω,	ηὔξησα,	ηὔξηκα.
supporter avec peine,	ἄχθομαι (ἀχθέομαι),	ἀχθήσομαι, ἔσομαι,	ἠχθέσθην,	ἤχθημαι.
marcher, aller,	βαίνω (βάω, βῆμι),	βήσομαι,	ἔβην,	βέβηκα.
jeter,	βάλλω (βαλλέω),	βαλῶ, βαλλήσω,	ἔβαλον,	βέβληκα.
manger,	βιβρώσκω (βρόω, βρῶμι),	βρώσομαι,	ἔβρων,	βέβρωκα.
vivre,	βιόω (βίωμι),	βιώσομαι,	ἐβίων,	βεβίωκα.
germer,	βλαστάνω (τέω, τω),	βλαστήσω,	ἔβλαστον,	βεβλάστηκα.
		20		
faire paître,	βόσκω (βοσκέω),	βοσκήσω,	ἐβόσκησα.	
vouloir,	βούλομαι (ἔομαι),	βουλήσομαι,	ἐβουλήθην, ἠβουλήθην,	βεβούλημαι.
frémir,	βρέμω,	βρεμῶ,	ἔβρεμον (imp. aor.).	
se marier,	γαμέω (γάμω),	γαμήσω, γαμῶ,	ἐγάμησα, ἔγημα,	γεγάμηκα.
se réjouir,	γηθέω (γήθω)	γηθήσω,	ἐγήθησα,	γέγηθα (s. du prés.).

vieillir,	γηράσκω (γηράω),	γηράσομαι,	ἐγήρασα,	γεγήρακα.
être, naître, devenir,	γίγνομαι, γίνομαι (γένω, έω),	γενήσομαι,	ἐγενήθην, ἐγενόμην,	γεγένημαι, γέγονα.
connaître,	γιγνώσκω (γνόω, γνῶμι),	γνώσομαι,	ἔγνων,	ἔγνωκα.
gémir,	γοάω (γοαίνω),	γοήσομαι,	ἐγόησα.	
mordre,	δάκνω (δήκω),	δήξομαι,	ἔδακον,	δέδηχα.

30

dompter,	δαμάζω, δαμάω (δάμω),	δαμάσω,	ἐδάμασα,	δέδμηκα.
bâtir,	δέμω,	δεμῶ,	ἔδειμα,	δέδμηκα.
dormir,	δαρθάνω (δαρθέω, θω),	δαρθήσομαι,	ἔδαρθον,	δεδάρθηκα.
craindre,	δείδω (inusité),	δείσω,	ἔδεισα,	δέδοικα, δέδια (s. du pr.).
montrer,	δείκνυμι (δείκω),	δείξω,	ἔδειξα,	δέδειχα.
prier, manquer de,	δέομαι,	δεήσομαι,	ἐδεήθην.	
fuir,	διδράσκω (δράω, δρῆμι),	δράσομαι,	ἔδρασα, ἔδραν,	δέδρακα.
paraître, penser,	δοκέω (δόκω),	δόξω,	ἔδοξα,	δέδογμαι.
pouvoir,	δύναμαι,	δυνήσομαι,	ἐδυνήθην, ἠδυνήθην,	δεδύνημαι.
s'asseoir,	ἕζομαι, καθέζομαι,	καθεδοῦμαι,	ἐκαθεζόμην (imp. aor.),	κάθημαι (je suis assis).

40

avoir coutume,	ἔθω (inusité),			εἴωθα (pr.), εἰώθειν (imp.).
savoir,	εἴδω (inusité),			οἶδα (pr.), ᾔδειν (imp.).
sembler, ressembler,	εἴκω (inusité),			ἔοικα (pr.), ἐῴκειν (imp.).
suivre,	ἕπομαι,	ἕψομαι,	ἑσπόμην.	
pousser, chasser,	ἐλαύνω (ἐλάω),	ἐλάσω,	ἤλασα,	ἐλήλακα.
interroger,	ἔρομαι,	ἐρήσομαι,	ἠρόμην (imp. aor.).	
venir, aller,	ἔρχομαι (ἐλεύθω, ἔλθω),	ἐλεύσομαι,	ἦλθον,	ἤλυθα, ἐλήλυθα.
rougir (actif),	ἐρυθαίνω (ἐρυθέω),	ἐρυθήσω,	ἠρύθησα.	
manger,	ἐσθίω (ἔδω, φάγω),	φάγομαι, ἔδομαι,	ἔφαγον,	ἐδήδοκα.
dormir,	εὕδω (εὑδέω),	εὑδήσω,	ἐκαθεύδησα.	

50

trouver,	εὑρίσκω (εὑρέω, εὕρω),	εὑρήσω,	εὗρον,	εὕρηκα.
avoir, pouvoir,	ἔχω (σχῶ),	ἕξω, σχήσω,	ἔσχον,	ἔσχηκα.
joindre,	ζεύγνυμι (ζεύγω),	ζεύξω,	ἔζευξα.	ἔζευχα.

	PRÉSENT.	FUTUR.	AORISTE.	PARFAIT.
eindre,	ζώννυμι (ζόω),	ζώσω,	ἔζωσα,	ἔζωκα.
e réjouir,	ἥδομαι,	ἡσθήσομαι,	ἥσθην.	
enir, aller,	ἥκω,	ἥξω,	ἧκον (imp. aor.).	
ouloir,	θέλω, ἐθέλω,	θελήσω, ἐθελήσω,	ἐθέλησα, ἠθέλησα,	τεθέληκα, ἠθέληκα.
oucher,	θιγγάνω (θίγω),	θίξω, θίξομαι,	ἔθιγον,	τέθιγα.
ourir,	θνήσκω (θανάω, θάνω),	θανοῦμαι,	ἔθανον,	τέθνηκα.
auter,	θρώσκω (θόρω),	θοροῦμαι,	ἔθορον.	

60

enir,	ἱκάνω, ἱκνέομαι (ἵκω),	ἵξομαι,	ἱκόμην,	ἷγμαι, mieux ἀφῖγμαι.
paiser,	ἱλάσκομαι (ἱλάομαι),	ἱλάσομαι,	ἱλασάμην,	ἵλασμαι (s. du pass.).
oler (oiseau),	ἵπταμαι (πτάω, πτῆμι),	πτήσομαι,	ἔπτην, ἐπτάμην.	
rûler,	καίω,	καύσω,	ἔκαυσα, ἔκηα,	κέκαυμαι (s. pass.).
e fatiguer,	κάμνω (καμέω, κάμω),	καμοῦμαι,	ἔκαμον,	κέκμηκα (je suis fatigué).
êler,	κεράννυμι (κεράω),	κεράσω,	ἐκέρασα,	κεκέρακα, κέκρακα.
rêter,	κίχρημι (χρέω),	χρήσω,	ἔχρησα,	κέχρηκα.
leurer,	κλαίω,	κλαύσομαι, σοῦμαι,	ἔκλαυσα.	
oler (dérober),	κλέπτω,	κλέψω, ομαι,	ἔκλεψα,	κέκλοφα.
rier,	κράζω,	κράξω, κεκράξομαι,	ἔκραγον,	κέκραγα (sens du prés.).

70

uspendre,	κρεμάννυμι (κρεμάω),	κρέμασω,	ἐκρέμασα.	
cquérir,	κτάομαι,	κτήσομαι,	ἐκτησάμην,	κέκτημαι, ἔκτημαι (je possède).
rapper,	κτυπέω (κτυπω¹,	κτυπήσω,	ἔκτυπον.	
btenir par le sort,	λαγχάνω (λήχω),	λήξομαι,	ἔλαχον,	εἴληχα, λέλογχα.
rendre, recevoir,	λαμβάνω (λήβω),	λήψομαι,	ἔλαβον,	εἴληφα.
e cacher,	λανθάνω (λήθω),	λήσω,	ἔλαθον,	λέληθα (je suis caché).
ire,	λέγω,	λέξω,	ἔλεξα,	ἐλεχα.
Id.	— (εἴπω),		εἶπα, εἶπον.	
Id.	— (εἴρω),	ἐρῶ,		εἴρηκα.
Id.	— (ῥέω),	ῥηθήσομαι,	ἐῤῥήθην.	

apprendre,	μανθάνω (θέω, θω),	μαθήσομαι,	ἔμαθον,	μεμάθηκα.
combattre,	μάχομαι (έομαι),	μαχήσομαι, οῦμαι,	ἐμαχεσάμην,	μεμάχημαι.
enivrer,	μεθύσκω (μεθύω),	μεθύσω,	ἐμέθυσα.	
devoir, être près de,	μέλλω (μελλέω),	μελλήσω,	ἐμέλλησα.	
bêler,	μηκάομαι (μήκω),	μηκήσομαι,	ἔμακον,	μέμηκα (s. du pr.).
faire souvenir,	μιμνήσκω (μνάω),	μνήσω,	ἔμνησα,	μέμνηκα, μέμνημαι (je me souviens).
mêler,	μίγνυμι (μίγω),	μίξω,	ἔμιξα.	
mugir,	μυκάομαι (μύκω),	μυκήσομαι,	ἔμυκον,	μέμυκα (s. du pr.).
sentir (neutre),	ὄζω (ὀζέω),	ὀζέσω,	ὤζεσα,	ὄδωδα (s. du pr.).
croire,	οἴομαι, οἶμαι (οἰέομαι),	οἰήσομαι,	ᾠήθην.	
s'en aller,	οἴχομαι (οἰχέομαι),	οἰχήσομαι,	ᾠχόμην (imp. aor.),	ᾤχημαι.
glisser,	ὀλισθαίνω (θεω, θω),	ὀλισθήσω,	ὠλίσθησα, θον,	ὠλίσθηκα.
perdre, faire périr,	ὄλλυμι (ὀλέω, ὀλω),	ὀλέσω,	ὤλεσα,	ὀλώλεκα, ὄλωλα.
jurer,	ὄμνυμι (ὀμόω),	ὀμοῦμαι, ὀμόσω,	ὤμοσα,	ὀμώμοκα.
essuyer,	ὀμόργνυμι (ὀμόργω),	ὀμόρξω,	ὤμορξα.	
être utile,	ὀνίνημι (ὀνάω),	ὀνήσω,	ὤνησα,	ὤνηκα.
voir,	ὁράω (ὄπτομαι, εἴδω),	ὄψομαι,	εἶδον,	ἑώρακα.
exciter,	ὄργυμι (ὄρω),	ὄρσω,	ὦρσα, ὤρορον,	ὄρωρα (s. du pr.).
flairer,	ὀσφραίνομαι (ὀσφρομαι),	ὀσφανοῦμαι,	ὠσφράνθην, ὠσφρόμην.	
souffrir,	πάσχω (πένθω, πήθω)	πείσομαι,	ἔπαθον,	πέπονθα (s. du pr.).
déployer,	πετάννυμι (πετάω),	πετάσω,	ἐπέτασα,	πεπέτακα.
consolider,	πήγνυμι (πήγω),	πήξω,	ἔπηξα, ἐπάγην,	πέπηγα.
remplir,	πίμπλημι (πλήθω),	πλήσω,	ἔπλησα,	πέπληκα.
incendier,	πίμπρημι (πρήθω),	πρήσω,	ἔπρησα.	
boire,	πίνω (πίω, πόω),	πίομαι, πιοῦμαι,	ἔπιον,	πέπωκα.
vendre,	πιπράσκω (περάω),	περάσω,	ἐπέρασα,	πέπρακα.
tomber,	πίπτω (πέτω, πτόω),	πεσοῦμαι,	ἔπεσα, ἔπεσον,	πέπτωκα.
errer,	πλάζω (πλάγγω),	πλάγξω,	ἔπλαγξα.	

	PRÉSENT.	FUTUR.	AORISTE.	PARFAIT.
éternuer,	πτάρνυμαι (πταρέω, ρω),	πταρήσομαι,	ἔπταρον.	
apprendre, s'informer,	πυνθάνομαι (πεύθομαι),	πεύσομαι,	ἐπυθόμην,	πέπυσμαι.

110

couler,	ῥέω,	ῥεύσομαι, ῥυήσομαι,	ἐρρύην,	ἐρρύηκα.
briser,	ῥήγνυμι (ῥήσσω),	ῥήξω,	ἔρρηξα, ἐρράγην,	ἔρρωγα (je suis brisé).
fortifier,	ῥώννυμι (ῥόω),	ῥώσω,	ἔρρωσα,	ἔρρωκα.
éteindre,	σβέννυμι (σβέω, σβῆμι),	σβέσω,	ἔσβεσα, ἔσβην (pass.),	ἔσβεκα.
éparpiller,	σκεδάννυμι (σκεδάω),	σκεδάσω,	ἐσκέδασα,	ἐσκέδακα.
dessécher,	σκέλλω (σκελέω, σκλῆμι),	σκελῶ, σκαλῶ,	ἔσκηλα, ἔσκλην (s. neut.),	ἔσκληκα (s. neutre).
faire des libations,	σπένδω (σπέω),	σπείσω,	ἔσπεισα,	ἔσπεικα.
renverser,	στρώννυμι (στρόω),	στρώσω,	ἔστρωσα.	
couper,	τέμνω,	τεμῶ,	ἔτεμον, ἔταμον,	τέτμηκα.
trembler,	τρέμω,	τρεμῶ,	ἔτρεμον (imp. aor.).	

120

produire, enfanter,	τίκτω (τέκω),	τέξομαι,	ἔτεκον,	τέτοκα.
blesser,	τιτρώσκω (τρόω),	τρώσω,	ἔτρωσα,	τέτρωκα.
courir,	τρέχω (δρέμω),	θρέξομαι, δραμοῦμαι,	ἔδραμον,	δέδρομα.
obtenir,	τυγχάνω (τεύχω),	τεύξομαι,	ἔτυχον,	τετύχηκα.
promettre,	ὑπισχνέομαι (ὑπό-σχῶ),	ὑποσχήσομαι,	ὑπεσχόμην,	ὑπέσχημαι.
porter,	φέρω (οἴω, ἐνέγκω),	οἴσω,	ἤνεγκον, κα,	ἐνήνοχα.
fuir,	φεύγω,	φεύξομαι,	ἔφυγον,	πέφευγα.
prévenir,	φθάνω (φθάω, φθῆμι),	φθάσω, φθήσομαι,	ἔφθασα, ἔφθην,	ἔφθακα.
se réjouir,	χαίρω (χαιρέω),	χαιρήσω, χαρήσομαι,	ἐχάρην,	κεχάρηκα.
verser,	χέω,	χεύσω,	ἔχευα, ἔχεα,	κέχυκα.

130

colorer,	χρώννυμι (χρόω),	χρώσω,	ἔχρωσα.	
remblayer,	χώννυμι (χόω),	χώσω,	ἔχωσα.	

FORMATION DES TEMPS SECONDS.

Le **Futur Second** se forme du présent en changeant ω en εω et en contractant. De plus, la pénultième éprouve les modifications suivantes :
Si elle a une des diphtongues αι, ει, on retranche ι ;
Si elle a deux consonnes, πτ, μν, λλ, on retranche la dernière.
ζ tantôt se retranche, tantôt se change en γ ou δ.
On change en outre σσ, ττ en γ
η — α
ε, ει — α dans les verbes en λω, μω, νω, ρω
ε — α à côté de ρ, λ.

Il se conjugue : — à l'actif, sur φιλέω contracté ; — au passif, sur le futur 1er passif moins θ ; — au moyen, φιλέομαι contracté.

L'**Aoriste Second** se forme comme l'imparfait. Si le verbe a un primitif, c'est de ce primitif qu'on le forme, et l'on modifie ainsi la pénultième.
Si elle a deux consonnes, on retranche la dernière.
On change σσ, ττ en γ   ευ en υ
ζ — γ ou δ   ει — ι
η — α   ε, ει — α devant λω, μω, νω, ρω
αι — α   ε — α à côté de ρ ou λ.

Il se conjugue : — à l'actif, sur le prés. de λύω, excepté à l'indicatif, où il suit l'imparfait ; — au passif, sur l'aor. 1 passif moins θ ; — au moyen, sur le présent de λύομαι, excepté à l'indicatif, où il suit l'imparfait.

Le **Parfait Second** se forme du présent en changeant ω en α et en mettant le redoublement. Il se tire du primitif, s'il y en a un, et la pénultième se modifie ainsi.
Si elle a deux consonnes, πτ, μν, λλ, on retranche la dernière.
On change α, αι en η   ζ en γ ou δ
ε — ο   ει — οι, et devant λω, μω, νω, ρω, en ο.

Il se conjugue sur le parfait 1 actif moins κ.

VERBES POUR SERVIR D'EXERCICES

A LA FORMATION DES TEMPS SECONDS.

Futur, aoriste, parfait seconds (act., pass., moy.) de στέλλω, τύπτω, φαίνω, φθείρω, στρέφω, κόπτω, τρέφω, τέμνω, τρέπω[1].

Futur second actif. — νομίζω, κτείνω, τέμνω, σκέλλω.

Futur second passif. — σφάλλω, ἀνοίγω, τρίβω, σύρω, σφάττω, τάσσω, κλέπτω, κείρω, κρύπτω (π se change en β), μίγνυμι (μίγω), πείρω, πήγνυμι (πήγω), πλέκω, πλήσσω, σκάπτω (π se change en φ), τέρπω, τήκω, φρύγω, φύρω, ἄγω, ἀλλάσσω, βάλλω, βρέχω, γλύφω, καίω, ζεύγνυμι (ζεύγω), θιγγάνω (θίγω), γράφω, δάκνω (δήκω).

Futur second moyen. — πλουτίζω, κτείνω, κάμνω, κλίνω, μάχομαι, μαίνω, ὀδύρομαι, ὀσφραίνομαι, ἀμύνω, χαίνω, τρέχω (δρέμω), ἄλλομαι, φαίνω.

Aoriste second actif. — δέρω, κάμνω, κλέπτω, κλάζω, κράζω, κτείνω, λαμβάνω (λήβω), μάρπτω, πείθω, πλέκω, πλήσσω, πταίρω, πράσσω, τέρπω, φεύγω, φράζω, δάκνω (δήκω), θάπτω, τρέχω (δρέμω), θάλλω, θιγγάνω (θίγω), λείπω.

Aoriste second passif. — δέρω, σφάλλω, ἀνοίγω, φύρω, τάσσω, κλέπτω, κρίνω, κρύπτω, λαμβάνω (λήβω), λέγω, μαίνω, μίγνυμι (μίγω), πάλλω, πλέκω, πείρω, πλήσσω, πνίγω, ῥήγνυμι (ῥήσσω), σαίρω, σκάπτω, σκύλλω, φρύγω, φύω, ψάλλω, γράφω, ζεύγνυμι (ζεύγω), καίω, εὑρίσκω (εὕρω).

Aoriste second moyen. — λαμβάνω (λήβω), μίγνυμι (μίγω), μαίνω, πυνθάνομαι (πεύθω), γίγνομαι (γένω), εὑρίσκω (εὕρω), δέρω, πλήσσω, λείπω, ἀλλάσσω, φύρω, πάλλω, πλέκω, κρύπτω, ζεύγνυμι (ζεύγω), βάπτω, φαίνω.

Parfait second. — τέμνω, κλέπτω, κεύθω, κτείνω, λέγω, λείπω, μαίνω, μάρπτω, νέμω, πείθω, φαίνω, πείρω, ἀμείβω, πλήσσω, πράσσω, σαίρω, σήπω, σπένδω, τίκτω (τέκω), φράζω, χαίνω, δαίω, θάλλω, θιγγάνω (θίγω).

---

[1] Faire conjuguer en entier ces neuf premiers verbes, que l'on peut, sans trop d'inconvénients, supposer complets; se borner, pour les autres, à la première personne de chaque mode.

MODÈLE D'EXERCICE
SUR LES NOMS ET LES ADJECTIFS AVEC COMPARATIFS ET SUPERLATIFS

vallon sacré.....	ἄγκος (ους) ἱερός	dat. sing.	τῷ	ἄγκει ἱερῷ, ἱερωτέρῳ, ἱερωτάτῳ.
orateur sage....	ῥήτωρ (ορος) σώφρων (ονος)	dat. plur.	τοῖς	ῥήτορσι σώφροσι, σωφρονεστέροις, σωφρονεστάτοις.
victoire belle....	νίκη καλός	acc. sing.	τὴν	νίκην καλήν, καλλίονα, καλλίστην.
soldat illustre...	στρατιώτης ἔνδοξος	acc. plur.	τοὺς	στρατιώτας ἐνδόξους, ἐνδοξοτέρους, ἐνδοξοτάτους.

MODÈLE D'EXERCICE
SUR LA FORMATION DES TEMPS PRIMITIFS DES VERBES RÉGULIERS

	PRÉSENT	FUTUR	AORISTE	PARFAIT
habiter...............	οἰκέω	οἰκήσω οἰκηθήσομαι	ᾤκησα ᾠκήθην	ᾤκηκα ᾤκημαι
arranger.............	πρός-τάσσω	προστάξω προσταχθήσομαι	προσέταξα προσετάχθην	προστέταχα προστέταγμαι
jeter à la fois..........	σύν-ρίπτω	συρρίψω συρριφθήσομαι	συνέρριψα συνερρίφθην	συνέρριφα συνέρριμμαι

TABLEAU DES TERMINAISONS DU VERBE λύω.
ACTIF.

	INDICATIF.	IMPÉRATIF.	SUBJONCTIF.	OPTATIF.	INFINITIF.	PARTICIPE.
Présent.	ω, εις, ει ομεν, ετε, ουσι ετον, ετον	ε, ετω ετε, ετωσαν ετον, ετων	ω, ῃς, ῃ ωμεν, ητε, ωσι ητον, ητον	οιμι, οις, οι οιμεν, οιτε, οιεν οιτον, οιτην	ειν	ων, οντος, ουσα, ουσης, ον, οντος.
Imparfait.	ον, ες, ε ομεν, ετε, ον ετον, ετην					
Futur.	σω, σεις, σει σομεν, σετε, σουσι σετον, σετον			σοιμι, σοις, σοι σοιμεν, σοιτε, σοιεν σοιτον, σοιτην	σειν	σων, σοντος, σουσα, σουσης, σον, σοντος.
Aoriste.	σα, σας, σε σαμεν, σατε, σαν σατον, σατην	σον, σατω σατε, σατωσαν σατον, σατων	σω, σῃς, σῃ σωμεν, σητε, σωσι σητον, σητον	σαιμι, σαις, σαι σαιμεν, σαιτε, σαιεν σαιτον, σαιτην	σαι	σας, σαντος, σασα, σασης, σαν, σαντος.
Parfait.	χα, χας, χε χαμεν, χατε, χασι χατον, χατον	χε, χετω χετε, χετωσαν χετον, χετων	χω, χῃς, χῃ χωμεν, χητε, χωσι χητον, χητον	χοιμι, χοις, χοι χοιμεν, χοιτε, χοιεν χοιτον, χοιτην	χεναι	χως, χοτος, χυια, χυιας, χος, χοτος.
Pl.-q.-Parf.	χειν, χεις, χει χειμεν, χειτε, χεισαν χειτον, χειτην					

PASSIF.

	INDICATIF.	IMPÉRATIF.	SUBJONCTIF.	OPTATIF.	INFINITIF.	PARTICIPE.
Présent.	ομαι, ῃ, εται ομεθα, εσθε, ονται ομεθον, εσθον, εσθον	ου, εσθω εσθε, εσθωσαν εσθον, εσθων	ωμαι, ῃ, ηται ωμεθα, ησθε, ωνται ωμεθον, ησθον, ησθον	οιμην, οιο, οιτο οιμεθα, οισθε, οιντο οιμεθον, οισθον, οισθην	εσθαι	ομενος, ομενη, ομενον.

Imparfait.	ομην, ου, ετο ομεθα, εσθε, οντο ομεθον, εσθον, εσθην						
Futur.	θησομαι, θηση, θησεται θησομεθα, θησεσθε, θησονται θησομεθον, θησεσθον, …θον				θησοιμην, θησοιο, θησοιτο θησοιμεθα, θησοισθε, θησοιντο θησοιμεθον, θησοισθον, …θην	θησεσθαι	θησομενος, θησομενη, θησομενον.
Aoriste.	θην, θης, θη θημεν, θητε, θησαν θητον, θητην	θητι, θητω θητε, θητωσαν θητον, θητων	θω, θης, θη θωμεν, θητε, θωσι θητον, θητον	θειην, θειης, θειη θειημεν, θειητε, θειησαν θειητον, θειητην	θηναι	θεις, θεντος, θεισα, θεισης, θεν, θεντος.
Parfait.	μαι, σαι, ται μεθα, σθε, νται μεθον, σθον, σθον	σο, σθω σθε, σθωσαν σθον, σθων	μενος ὦ, ῆς, ῇ μενοι ὦμεν, ἦτε, ὦσι μενω ἦτον, ἦτον	μενος εἴην, εἴης, εἴη μενοι εἴημεν, εἴητε, εἴησαν μενω εἴητον, εἴητην	σθαι	μενος, μενη, μενον.
Pl.-q.-Parf.	μην, σο, το μεθα, σθε, ντο μεθον, σθον, σθην					
Futur. ant.	σομαι, ση, σεται σομεθα, σεσθε, σονται σομεθον, σεσθον, σεσθον					

MOYEN.

Futur.	σομαι, ση, σεται σομεθα, σεσθε, σονται σομεθον, σεσθον, σεσθον			σοιμην, σοιο, σοιτο σοιμεθα, σοισθε, σοιντο σοιμεθον, σοισθον, σοισθην	σεσθαι	σομενος, σομενη, σομενον.
Aoriste.	σαμην, σω, σατο σαμεθα, σασθε, σαντο σαμεθον, σασθον, σασθην	σαι, σασθω σασθε, σασθωσαν σασθον, σασθων	σωμαι, ση, σηται σωμεθα, σησθε, σωνται σωμεθον, σησθον, …ον	σαιμην, σαιο, σαιτο σαιμεθα, σαισθε, σαιντο σαιμεθον, σαισθον, σαισθην	σασθαι	σαμενος, σαμενη, σαμενον.

MODÈLE D'ANALYSE DES VERBES

	ANALYSE			INDICATION DU TEMPS.	PRÉSENT.	FUTUR.	AORISTE.	PARFAIT.
	Préfixe.	Radical.	Terminaison					
ἐτύψαμεν	ε	τυπ	σαμεν	aor. 1 ind. a.	τύπτω	τύψω	ἔτυψα	τέτυφα
συνελάβετο	συν-ε	λαβ	ετο	aor. 2. ind. m.	συλλαμβάνω	συλλήψομαι	συνέλαβον	συνείληφα
συντρίψαι	συν	τριβ	σαι	aor. 1. inf. a.	συντρίβω	συντρίψω	συνέτριψα	συντέτριφα
ἐπήγαγον	επι-ε-αγ	αγ	ον	aor. 2. ind. a.	ἐπάγω	ἐπάξω	ἐπήγαγον	ἐπαγήοχα
περιεδεδλήκει	περι-ε-δε	βλη	κει	pl.-q.-parf. a.	περιβάλλω	περιβαλῶ	περιέβαλον	περιβέβληκα
ἀπηγόρευε	απο-ε	αγορευ	ε	imparf. a.	ἀπαγορεύω	ἀπαγορεύσω	ἀπηγόρευσα	ἀπηγόρευκα
ζῶντα		ζα	οντα	prés. part. a.	ζάω	ζήσω	ἔζησα	ἔζηκα
διαπράξειεν	δια	πρα...	σειε-ν	aor. 1. opt. a.	διαπράσσω	διαπράξω	διέπραξα	διαπέπραχα
ἐξῆγον	εξ-ε	αγ	ον	imparf. a.	ἐξάγω	ἐξάξω	ἐξήγαγον	ἐξαγήοχα
δεῖσθαι		δε	εσθαι	prés. inf. m.	δέομαι	δεήσομαι	ἐδεήθην	δεδέημαι
εἴα	ε	εα	ε	imparf. a.	ἐάω	ἐάσω	εἴασα	εἴακα
ἑώρων	ε-ε	ορα	ον	imparf. a.	ὁράω	ὄψομαι	εἶδον	ἑώρακα
ἐκβοηθοίμεν	εκ	βοηθε	οιμεν	prés. opt. a.	ἐκβοηθέω	ἐκβοηθήσω	ἐξεβοήθησα	ἐκβεβοήθηκα

FIN DU CAHIER DE GREC

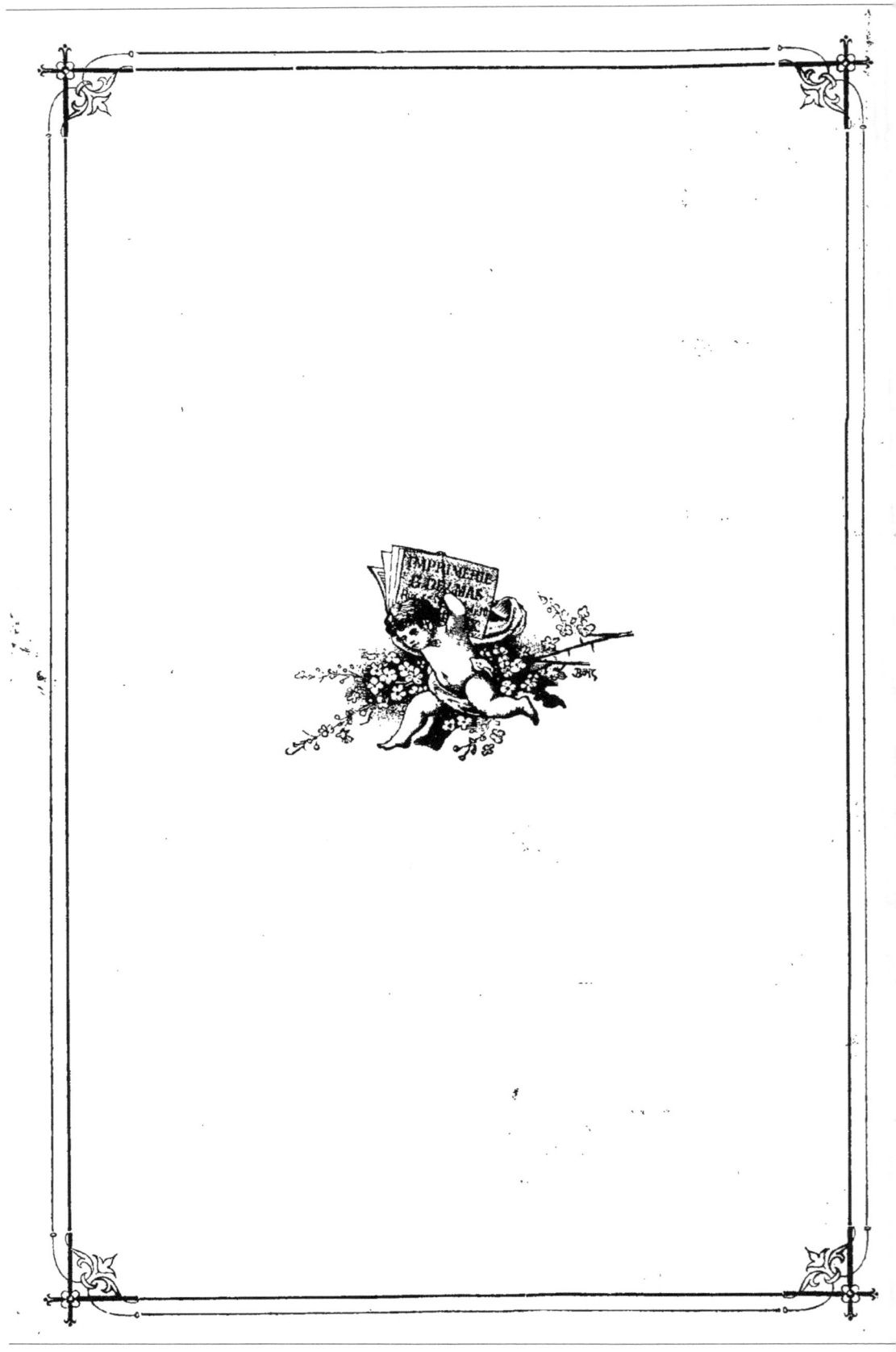

www.ingramcontent.com/pod-product-compliance
Lightning Source LLC
Chambersburg PA
CBHW060906050426
42453CB00010B/1580